Memories of a Summer: Bilingual Italian-English Stories for Italian Language Learners

Pomme Bilingual

Published by Pomme Bilingual, 2024.

While every precaution has been taken in the preparation of this book, the publisher assumes no responsibility for errors or omissions, or for damages resulting from the use of the information contained herein.

MEMORIES OF A SUMMER: BILINGUAL ITALIAN-ENGLISH STORIES FOR ITALIAN LANGUAGE LEARNERS

First edition. October 12, 2024.

ISBN: 979-8227561176

Written by Pomme Bilingual.

Table of Contents

L'Ultima Conversazione 1

The Last Conversation 3

Amore e Altri Inconvenienti 5

Love and Other Inconveniences 7

Ricordi di un'Estate 9

Memories of a Summer 13

Il Giardino Segreto 17

The Secret Garden 21

La Magia dell'Autunno 25

The Magic of Autumn 29

L'Ombra del Passato 33

The Shadow of the Past 35

Il Filo della Vita 37

The Thread of Life 39

Le Onde del Passato 41

Waves of the Past 43

L'Ultimo Caffè 45

The Last Coffee 49

Il Viaggio di Nora 51

Nora's Journey..53

Il Ritorno a Bellavista..55

The Return to Bellavista 57

L'Ultima Conversazione

In un piccolo caffè di Firenze, il sole del pomeriggio filtrava attraverso le finestre, gettando riflessi dorati sui tavolini. La caffetteria era affollata di turisti, ma in un angolo, due vecchi amici si ritrovavano dopo anni di separazione.

Carla e Marco si sedettero l'uno di fronte all'altro, i loro volti solcati dal tempo. "Non posso credere che sia passato così tanto tempo," disse Carla, sorridendo con nostalgia. Marco annuì, un misto di gioia e tristezza nei suoi occhi.

"Ricordi quando ci incontravamo qui ogni sabato?" chiese Marco. "Sì," rispose Carla, "e quanti sogni avevamo allora. Pensavamo di conquistare il mondo." Entrambi risero, ma il riso si spense rapidamente. Marco guardò fuori dalla finestra, perso nei suoi pensieri.

"Cosa è successo a quei sogni?" chiese Carla, rompendo il silenzio. Marco sospirò. "La vita è complicata. Ho preso decisioni che mi hanno allontanato da ciò che desideravo. Mi sono concentrato sul lavoro, ho costruito una carriera, ma... sono felice?" La sua voce tremò leggermente.

Carla inclinò la testa, i suoi occhi pieni di comprensione. "Anch'io ho le mie insoddisfazioni. Ho sempre voluto viaggiare, esplorare il mondo, ma ho scelto di restare qui per la mia famiglia. A volte mi chiedo se avrei dovuto fare scelte diverse."

Marco si alzò un po' sulla sedia, interessato. "E adesso? Cosa vuoi fare?" Carla si strinse nelle spalle, il suo sguardo perso nel vuoto. "Forse è troppo tardi," mormorò.

"Non è mai troppo tardi," disse Marco, con fervore. "Possiamo ancora cambiare. Abbiamo solo bisogno di coraggio."

Carla sorrise, una scintilla di speranza nei suoi occhi. "Hai ragione. Dobbiamo smettere di rimuginare sul passato e iniziare a costruire il nostro futuro."

La conversazione continuò, rivelando segreti sepolti, rimpianti e sogni dimenticati. Ogni parola era un passo verso la riconciliazione con il passato e una celebrazione delle possibilità del futuro.

Il sole calò lentamente, tingendo il cielo di rosso e arancione. Carla e Marco si alzarono per andarsene, ma non prima di promettersi di incontrarsi di nuovo. La vita era un viaggio, e ora avevano un nuovo inizio.

The Last Conversation

In a small café in Florence, the afternoon sun filtered through the windows, casting golden reflections on the tables. The café was bustling with tourists, but in a corner, two old friends were reconnecting after years apart.

Carla and Marco sat facing each other, their faces marked by time. "I can't believe so much time has passed," Carla said, smiling nostalgically. Marco nodded, a mix of joy and sadness in his eyes.

"Do you remember when we used to meet here every Saturday?" Marco asked. "Yes," Carla replied, "and how many dreams we had back then. We thought we could conquer the world." They both laughed, but the laughter faded quickly. Marco looked out the window, lost in his thoughts.

"What happened to those dreams?" Carla asked, breaking the silence. Marco sighed. "Life is complicated. I made choices that took me away from what I wanted. I focused on work, built a career, but... am I happy?" His voice trembled slightly.

Carla tilted her head, her eyes filled with understanding. "I have my own disappointments too. I always wanted to travel, explore the world, but I chose to stay here for my family. Sometimes I wonder if I should have made different choices."

Marco leaned forward slightly, intrigued. "And now? What do you want to do?" Carla shrugged, her gaze drifting into the void. "Maybe it's too late," she murmured.

"It's never too late," Marco said fervently. "We can still change. We just need courage."

Carla smiled, a spark of hope in her eyes. "You're right. We need to stop dwelling on the past and start building our future."

The conversation continued, revealing buried secrets, regrets, and forgotten dreams. Every word was a step toward reconciling with the past and a celebration of future possibilities.

The sun slowly set, painting the sky red and orange. Carla and Marco stood to leave, but not before promising to meet again. Life was a journey, and now they had a new beginning.

Amore e Altri Inconvenienti

In una vibrante e caotica Milano, la vita di Marta era un continuo susseguirsi di imprevisti. Con i suoi capelli ricci e colorati, e un abbigliamento eccentricamente alla moda, attirava l'attenzione ovunque andasse. Ma, malgrado il suo spirito vivace, Marta si trovava nel mezzo di un vero e proprio incubo di appuntamenti.

Decisa a trovare l'amore, si era iscritta a un'app di incontri, ma le sue esperienze erano state tutto tranne che romantiche. Il primo appuntamento era stato con Luca, un aspirante chef che si era presentato con un fiasco di vino e una ricetta impossibile da pronunciare. Durante la cena, Marta scoprì che Luca aveva una strana ossessione per i gatti, tanto da portare in giro un giocattolo a forma di felino che non smetteva mai di mostrare. Quando lui tentò di farle assaggiare una pasta al pomodoro fatta con ingredienti "speciali", Marta capì che era tempo di scappare.

Il secondo appuntamento con Fabio, un uomo d'affari elegante, sembrava promettente. Ma dopo pochi minuti, si rivelò essere un esperto di golf che parlava solo di tornei e tee time. Marta, esausta, si alzò e ordinò un gelato per sentirsi meglio. Durante la sua passeggiata, si imbatté in un artista di strada che suonava una melodia nostalgica. Si fermò ad ascoltare e si lasciò trasportare dalla musica.

Proprio mentre si perdeva nella melodia, un giovane uomo, Andrea, si avvicinò e le chiese di ballare. Con un sorriso imbarazzato, Marta accettò. La danza fu un momento magico, e per la prima volta da tempo, sentì un brivido di felicità. Andrea era diverso; non si preoccupava delle convenzioni e sapeva come divertirsi. Dopo un ballo spensierato, decisero di prendere un caffè insieme.

La conversazione tra di loro fluì naturalmente, tra risate e racconti di avventure bizzarre. Marta scoprì che Andrea era un fotografo freelance e condivideva la sua passione per la vita. Ogni parola lo avvicinava di più e Marta si rese conto che aveva finalmente trovato qualcuno con cui condividere la sua eccentricità.

Nei giorni seguenti, i due iniziarono a vedersi regolarmente, esplorando insieme le strade di Milano, assaporando gelati e visitando mercatini vintage. Marta si sentiva viva e apprezzata per chi era veramente. Ma quando le sue amiche le consigliarono di "giocare duro" e mantenere le distanze, Marta si trovò in crisi.

Un pomeriggio, mentre passeggiava con Andrea, decise di dirgli la verità sui suoi timori. "Ho paura di affezionarmi, di farmi male," confessò. Andrea la guardò negli occhi e rispose: "Amare è sempre un rischio, ma è anche la cosa più bella che possiamo fare."

Marta si rese conto che non poteva continuare a fuggire dall'amore. La vita non era perfetta, ma era piena di momenti imperfetti e meravigliosi che valeva la pena vivere.

Love and Other Inconveniences

In the vibrant and chaotic city of Milan, Marta's life was a continuous series of unexpected events. With her curly, colorful hair and eccentrically fashionable clothing, she attracted attention wherever she went. But despite her lively spirit, Marta found herself in the middle of a dating nightmare.

Determined to find love, she signed up for a dating app, but her experiences were anything but romantic. The first date was with Luca, an aspiring chef who showed up with a bottle of wine and a recipe that was impossible to pronounce. During dinner, Marta discovered that Luca had a strange obsession with cats, so much so that he carried around a cat-shaped toy that he wouldn't stop showing her. When he tried to make her taste a tomato pasta made with "special" ingredients, Marta realized it was time to escape.

The second date with Fabio, a stylish businessman, seemed promising. But after a few minutes, he revealed himself to be a golf expert who only talked about tournaments and tee times. Exhausted, Marta stood up and ordered an ice cream to cheer herself up. While walking, she stumbled upon a street artist playing a nostalgic melody. She stopped to listen, letting the music transport her.

Just as she got lost in the melody, a young man, Andrea, approached her and asked to dance. With an embarrassed smile, Marta agreed. The dance was a magical moment, and for the first time in a while, she felt a thrill of happiness. Andrea was different; he didn't care about conventions and knew how to have fun. After a carefree dance, they decided to grab a coffee together.

Their conversation flowed naturally, filled with laughter and stories of bizarre adventures. Marta discovered that Andrea was a freelance photographer who shared her passion for life. Each word brought them closer, and Marta realized she had finally found someone with whom to share her eccentricity.

In the following days, the two began to see each other regularly, exploring the streets of Milan together, savoring ice creams and visiting vintage markets. Marta felt alive and appreciated for who she truly was. But when her friends advised her to "play hard to get" and keep her distance, Marta found herself in crisis.

One afternoon, while walking with Andrea, she decided to tell him the truth about her fears. "I'm afraid of getting attached, of getting hurt," she confessed. Andrea looked her in the eyes and replied, "Loving is always a risk, but it's also the most beautiful thing we can do."

Marta realized she couldn't keep running away from love. Life wasn't perfect, but it was full of imperfect and wonderful moments worth living.

Ricordi di un'Estate

Era un pomeriggio di luglio quando Luigi tornò nel piccolo villaggio costiero dove aveva trascorso le estati della sua infanzia. Ora anziano, si sentiva sopraffatto dalla nostalgia mentre percorreva le strade che una volta conosceva così bene. Le case di pietra, sbiadite dal sole e dal vento, raccontavano storie di un tempo passato, e l'odore salmastro dell'oceano lo riportava indietro a quei giorni spensierati.

Ogni estate, Luigi e sua sorella Clara passavano le vacanze dai nonni, in una casa semplice con vista sul mare. I nonni erano persone straordinarie: nonna Rosa, con le sue mani esperte, preparava pranzi abbondanti a base di pesce fresco, mentre nonno Marco raccontava storie di mare e avventure che affascinavano i bambini. La casa era un rifugio di amore e calore, e il suono delle risate risuonava nei corridoi.

Ricordava con chiarezza il giorno in cui lui e Clara avevano deciso di costruire una barca di legno con i pezzi di legno trovati sulla spiaggia. Con l'aiuto del nonno, avevano creato una piccola barca che avrebbero usato per esplorare la baia. Ogni mattina, dopo colazione, i due bambini scivolavano giù per la riva, pronti a partire per le loro avventure. Si sentivano invincibili, come veri pirati in cerca di tesori nascosti.

Ma non erano solo i momenti di gioia a definire quelle estati. Luigi ricordava anche il giorno in cui la nonna Rosa era caduta malata. L'aria sembrava più pesante, e il suono delle onde si mescolava con le lacrime silenziose di Clara. Nonno Marco cercava di mantenere il morale alto, ma entrambi sapevano che qualcosa stava cambiando. La vita, come il mare, era imprevedibile, e quell'estate segnò l'inizio di una serie di perdite che avrebbero colpito la loro famiglia.

Con il passare degli anni, Luigi e Clara divennero adulti e le loro vite si allontanarono dalla casa dei nonni. Clara si trasferì in città per inseguire il suo sogno di diventare una scrittrice, mentre Luigi si dedicò al lavoro e alla famiglia. Le estati dai nonni divennero solo un ricordo, e Luigi si sentì spesso sopraffatto dalla mancanza di quei giorni spensierati.

Ora, tornando nel villaggio, Luigi rifletteva su come quei momenti avessero plasmato la sua vita. La spiaggia, il suono delle onde, il profumo del pesce fresco: ogni dettaglio sembrava riportarlo indietro nel tempo. Anche se la casa dei nonni era stata venduta e le cose erano cambiate, l'amore e le lezioni apprese durante quelle estati rimanevano con lui.

Seduto sulla sabbia, con il sole che tramontava all'orizzonte, Luigi chiuse gli occhi e si lasciò avvolgere dai ricordi. Pensò a Clara, a come la vita li avesse portati su strade diverse, e a quanto gli mancasse. Ma sapeva anche che, nonostante le perdite e il passare del tempo, quei ricordi sarebbero stati sempre un rifugio per lui, un luogo dove tornare quando il mondo sembrava troppo pesante.

E così, mentre le onde si infrangevano dolcemente sulla riva, Luigi capì che l'estate non era solo un momento, ma una parte di lui. Ogni risata, ogni avventura, ogni lacrima avevano contribuito a creare l'uomo che era diventato. Con un sorriso nostalgico, si alzò e si allontanò dalla spiaggia, pronto a tornare a casa, ma con il cuore pieno di ricordi e gratitudine.

Memories of a Summer

It was a July afternoon when Luigi returned to the small coastal village where he had spent his childhood summers. Now an elderly man, he felt overwhelmed by nostalgia as he walked through the streets he once knew so well. The stone houses, faded by the sun and wind, told stories of a bygone era, and the salty scent of the ocean brought him back to those carefree days.

Every summer, Luigi and his sister Clara would spend their vacations at their grandparents' house, in a simple home with a view of the sea. Their grandparents were extraordinary people: Grandma Rosa, with her skilled hands, prepared abundant meals of fresh fish, while Grandpa Marco shared tales of the sea and adventures that captivated the children. The house was a refuge of love and warmth, and the sound of laughter echoed in the corridors.

He vividly remembered the day he and Clara decided to build a wooden boat with the driftwood found on the beach. With Grandpa's help, they crafted a small boat that they would use to explore the bay. Every morning, after breakfast, the two children would slip down to the shore, ready to embark on their adventures. They felt invincible, like real pirates in search of hidden treasures.

But it wasn't just the joyful moments that defined those summers. Luigi also recalled the day Grandma Rosa fell ill. The air felt heavier, and the sound of the waves mixed with Clara's silent tears. Grandpa Marco tried to keep their spirits high, but both knew that something was changing. Life, like the sea, was unpredictable, and that summer marked the beginning of a series of losses that would strike their family.

As the years passed, Luigi and Clara grew up and their lives drifted away from their grandparents' house. Clara moved to the city to pursue her dream of becoming a writer, while Luigi dedicated himself to work and family. The summers at their grandparents' house became just a memory, and Luigi often felt overwhelmed by the absence of those carefree days.

Now, returning to the village, Luigi reflected on how those moments had shaped his life. The beach, the sound of the waves, the smell of fresh fish: every detail seemed to transport him back in time. Although their grandparents' house had been sold and things had changed, the love and lessons learned during those summers remained with him.

Sitting on the sand, with the sun setting on the horizon, Luigi closed his eyes and let himself be enveloped by memories. He thought of Clara, how life had taken them down different paths, and how much he missed her. But he also knew that, despite the losses and the passage of time, those memories would always be a refuge for him, a place to return to when the world felt too heavy.

And so, as the waves gently lapped at the shore, Luigi realized that summer was not just a moment, but a part of him. Every laugh, every adventure, every tear had contributed to the man he had become. With a nostalgic smile, he stood up and walked away from the beach, ready to return home, but with a heart full of memories and gratitude.

15

Il Giardino Segreto

———

Quando Elena ricevette la notizia dell'eredità, non si aspettava di ereditare un giardino. Era stata una lunga attesa, e la lettera del notaio la lasciò inizialmente confusa. Un giardino abbandonato, situato ai margini di una piccola cittadina, sembrava l'ultimo posto dove una giovane donna in cerca di avventure e nuove esperienze volesse trovarsi. Ma, spinta da una curiosità inaspettata, decise di visitarlo.

Il giardino era in uno stato pietoso. Le piante, un tempo fiorenti, erano ora ricoperte di erbacce, e i sentieri erano invisibili sotto un manto di foglie secche. La struttura che un tempo aveva adornato il giardino, un gazebo di legno, era crollata, ma i suoi resti portavano ancora il segno di una bellezza passata. Mentre camminava tra i resti, Elena si sentì sopraffatta da una sensazione di tristezza e potenziale.

Decise di rimanere e iniziare il lavoro di ripristino. Ogni giorno, armata di guanti e attrezzi, si recava nel giardino. Inizialmente, il compito sembrava impossibile. Le erbacce sembravano infinite, e i rami degli alberi erano intrecciati in un caos indomabile. Ma con ogni pianta che riportava alla vita, Elena sentiva qualcosa di nuovo crescere dentro di lei. Era come se il giardino riflettesse le sue emozioni, le sue paure e i suoi sogni.

Mentre lavorava, Elena si rese conto che stava affrontando non solo la vegetazione selvatica, ma anche le proprie ferite emotive. Ogni pianta che curava rappresentava un ricordo del passato: un sogno infranto, una relazione perduta, una paura inconfessata. Per la prima volta dopo anni, si sentiva libera di esprimere le sue emozioni, di piangere e di ridere mentre rimuoveva le erbacce e piantava nuovi semi.

Con il passare delle settimane, il giardino cominciò a trasformarsi. I fiori iniziavano a sbocciare, e il profumo delle rose si mescolava con quello della terra umida. Elena scoprì che la bellezza del giardino era in grado di attirare l'attenzione della comunità. I vicini iniziarono a fermarsi, curiosi di vedere il suo lavoro. Alcuni offrirono aiuto, altri semplicemente portavano un caffè e chiacchieravano con lei. Ogni interazione la aiutava a sentirsi meno sola, a ricostruire legami che pensava di aver perso.

Un giorno, mentre potava un albero, Elena scoprì un piccolo angolo nascosto del giardino, dove una fontana era stata dimenticata. L'acqua zampillava dolcemente, creando un suono calmante che la avvolse. Si sedette accanto alla fontana e chiuse gli occhi, ascoltando il suono dell'acqua.

Elena iniziò a tenere un diario, annotando i progressi nel giardino e le sue riflessioni. Ogni parola scritta era come un seme piantato, e il suo cuore cominciò a guarire. I ricordi di ciò che aveva perso venivano sostituiti da nuovi ricordi di gioia e speranza. La luce del sole che filtrava tra le foglie sembrava illuminare non solo il giardino, ma anche il suo spirito.

Alla fine dell'estate, il giardino era completamente trasformato. Era diventato un luogo di bellezza e tranquillità, un rifugio per Elena e per chiunque volesse visitarlo. Decise di organizzare una festa per celebrare il suo lavoro e condividere il giardino con la comunità. Gli abitanti del villaggio vennero a vedere il risultato del suo duro lavoro e a festeggiare insieme.

Mentre si guardava intorno, Elena si rese conto di quanto fosse cambiata. Non solo il giardino era stato riportato alla vita, ma anche lei. Le ferite che un tempo la tenevano prigioniera si erano trasformate in cicatrici che ora rappresentavano la sua forza e la sua resilienza. Con un sorriso, si rese conto che il giardino segreto non era solo un luogo fisico; era una metafora della sua rinascita.

The Secret Garden

When Elena received the news of her inheritance, she never expected to inherit a garden. It had been a long wait, and the lawyer's letter initially left her confused. An abandoned garden, located on the outskirts of a small town, seemed the last place a young woman seeking adventure and new experiences would want to find herself. But, driven by an unexpected curiosity, she decided to visit it.

The garden was in a sorry state. The once-flourishing plants were now overrun with weeds, and the pathways were invisible beneath a blanket of dry leaves. The structure that had once adorned the garden, a wooden gazebo, had collapsed, but its remnants still bore the mark of a past beauty. As she walked among the ruins, Elena felt overwhelmed by a sense of sadness and potential.

She decided to stay and begin the restoration work. Every day, armed with gloves and tools, she went to the garden. At first, the task seemed impossible. The weeds appeared endless, and the branches of the trees were tangled in an untamed chaos. But with every plant she brought back to life, Elena felt something new growing inside her. It was as if the garden mirrored her emotions, her fears, and her dreams.

As she worked, Elena realized she was confronting not only the wild vegetation but also her emotional wounds. Every plant she tended represented a memory from her past: a shattered dream, a lost relationship, an unconfessed fear. For the first time in years, she felt free to express her emotions, to cry and laugh as she pulled out weeds and planted new seeds.

As the weeks passed, the garden began to transform. Flowers started to bloom, and the scent of roses mingled with that of damp earth. Elena discovered that the beauty of the garden could attract the community's attention. Neighbors began to stop by, curious to see her work. Some offered help, while others simply brought coffee and chatted with her. Every interaction helped her feel less alone, to rebuild connections she thought she had lost.

One day, while pruning a tree, Elena discovered a small hidden corner of the garden, where a forgotten fountain lay. The water bubbled gently, creating a soothing sound that enveloped her. She sat beside the fountain and closed her eyes, listening to the sound of the water.

Elena began to keep a journal, noting her progress in the garden and her reflections. Each written word was like a planted seed, and her heart began to heal. The memories of what she had lost were replaced by new memories of joy and hope. The sunlight filtering through the leaves seemed to illuminate not only the garden but also her spirit.

By the end of summer, the garden had completely transformed. It had become a place of beauty and tranquility, a refuge for Elena and anyone who wanted to visit. She decided to host a party to celebrate her work and share the garden with the community.

The townspeople came to see the results of her hard work and to celebrate together.

As she looked around, Elena realized how much she had changed. Not only had the garden been brought back to life, but so had she. The wounds that had once held her captive had transformed into scars that now represented her strength and resilience. With a smile, she realized that the secret garden was not just a physical place; it was a metaphor for her rebirth.

La Magia dell'Autunno

In un piccolo villaggio circondato da colline verdi e boschi fitti, l'arrivo dell'autunno portava con sé un'atmosfera speciale. Le foglie degli alberi cambiavano colore, trasformandosi in sfumature di arancio, giallo e rosso, mentre una leggera brezza soffiava tra i rami. Ma per i villaggi più saggi, era chiaro che l'autunno non era solo una stagione; era un momento di magia.

Un giorno, mentre raccoglieva castagne nel bosco, un giovane ragazzo di nome Luca si imbatté in un piccolo e scintillante sprite. Questo sprite, di nome Nella, era noto per le sue maliziose disavventure e per il suo spirito vivace. Con capelli di foglia e un vestito di petali, Nella danzava tra gli alberi, ridendo e creando un bagliore luminoso intorno a sé.

"Chi sei tu, piccolo mortale?" chiese Nella con un sorriso malizioso.

"Sono Luca," rispose il ragazzo, sorpreso dalla sua bellezza e dalla sua vivacità. "Sto solo raccogliendo castagne."

"Le castagne possono aspettare!" esclamò Nella, afferrando la mano di Luca. "Vieni con me e scopri la magia dell'autunno!"

Luca, sorpreso ma incuriosito, seguì Nella in una danza attraverso il bosco. Mentre si muovevano, Luca notò che gli alberi sembravano ondeggiare al ritmo della loro musica e che i fiori sbocciavano lungo il loro cammino. Ogni passo rivelava nuove meraviglie: una cascata di foglie d'oro, un cerchio di funghi danzanti, e persino animali che si univano al loro divertimento.

Dopo un po', Nella portò Luca in un luogo segreto, una radura nascosta dove la luce del sole filtrava attraverso gli alberi, creando un'atmosfera incantata. "Qui è dove la magia dell'autunno si manifesta," spiegò Nella. "Ogni anno, gli sprite e le creature della foresta si riuniscono per celebrare la fine dell'estate e l'inizio dell'autunno."

"Posso unirti a loro?" chiese Luca, il cuore che batteva forte dalla gioia.

"Solo se dimostri il tuo coraggio," rispose Nella, con uno sguardo enigmatico. "Ci sarà una prova. Dovrai affrontare il Guardiano della Foresta, un'antica creatura che protegge questo luogo."

Luca, spaventato ma determinato, accettò la sfida. Nella lo guidò attraverso il bosco fino a una grande quercia, dove il Guardiano si ergeva in tutta la sua maestà. Con una voce profonda e rimbombante, il Guardiano disse: "Chiunque desideri passare deve dimostrare di avere un cuore coraggioso e puro."

Nella incoraggiò Luca a rispondere, e il ragazzo, con voce tremante ma sincera, raccontò al Guardiano dei suoi sogni, delle sue paure e del suo desiderio di aiutare gli altri. Quando ebbe finito, il Guardiano lo guardò attentamente e sorrise. "Hai dimostrato coraggio e onestà. Puoi unirti alla celebrazione."

Ricolmo di gioia, Luca si unì a Nella e alle altre creature magiche. La radura si illuminò di colori brillanti, e la musica riempì l'aria mentre ballavano e festeggiavano l'arrivo dell'autunno. Luca si rese conto che non solo aveva scoperto un mondo di magia, ma anche la forza della sua amicizia con Nella e il coraggio che non sapeva di avere.

Quando la festa finì e il sole tramontò, Nella disse a Luca: "Ricorda, la vera magia risiede nel tuo cuore e nella tua capacità di affrontare le sfide."

Con queste parole, Luca tornò al suo villaggio, portando con sé i ricordi di quella giornata straordinaria e la consapevolezza che l'autunno non era solo una stagione, ma una celebrazione della magia della vita e dell'amicizia.

The Magic of Autumn

In a small village surrounded by green hills and dense woods, the arrival of autumn brought with it a special atmosphere. The leaves of the trees changed color, transforming into shades of orange, yellow, and red, while a gentle breeze blew through the branches. But for the wiser villagers, it was clear that autumn was not just a season; it was a moment of magic.

One day, while gathering chestnuts in the woods, a young boy named Luca stumbled upon a small, sparkling sprite. This sprite, named Nella, was known for her mischievous adventures and lively spirit. With leaf-like hair and a dress made of petals, Nella danced among the trees, laughing and creating a bright glow around her.

"Who are you, little mortal?" asked Nella with a playful smile.

"I'm Luca," replied the boy, surprised by her beauty and vivacity. "I'm just gathering chestnuts."

"The chestnuts can wait!" exclaimed Nella, grabbing Luca's hand. "Come with me and discover the magic of autumn!"

Luca, surprised but curious, followed Nella in a dance through the woods. As they moved, Luca noticed that the trees seemed to sway to the rhythm of their music and that flowers bloomed along their path. Each step revealed new wonders: a cascade of golden leaves, a circle of dancing mushrooms, and even animals joining in their fun.

After a while, Nella led Luca to a secret place, a hidden clearing where sunlight filtered through the trees, creating an enchanted atmosphere. "This is where the magic of autumn manifests," Nella explained. "Every year, sprites and creatures of the forest gather to celebrate the end of summer and the beginning of autumn."

"Can I join you?" asked Luca, his heart pounding with joy.

"Only if you prove your courage," replied Nella with an enigmatic look. "There will be a test. You must face the Guardian of the Forest, an ancient creature that protects this place."

Luca, scared but determined, accepted the challenge. Nella guided him through the woods to a great oak tree, where the Guardian stood in all his majesty. In a deep, booming voice, the Guardian said, "Anyone who wishes to pass must prove they have a courageous and pure heart."

Nella encouraged Luca to respond, and the boy, with a trembling but sincere voice, told the Guardian about his dreams, his fears, and his desire to help others. When he finished, the Guardian looked closely at him and smiled. "You have shown courage and honesty. You may join the celebration."

Filled with joy, Luca joined Nella and the other magical creatures. The clearing lit up with brilliant colors, and music filled the air as they danced and celebrated the arrival of autumn. Luca realized that he had not only discovered a world of magic but also the strength of his friendship with Nella and the courage he did not know he had.

When the celebration ended and the sun set, Nella said to Luca, "Remember, true magic lies in your heart and your ability to face challenges."

With these words, Luca returned to his village, carrying with him the memories of that extraordinary day and the awareness that autumn was not just a season but a celebration of the magic of life and friendship.

L'Ombra del Passato

In una Roma affascinante ma complessa, la dottoressa Sofia era conosciuta come una psicologa di successo. La sua carriera brillava, e i suoi pazienti la rispettavano per la sua capacità di aiutarli a affrontare i loro demoni interiori. Tuttavia, dietro la sua facciata di successo, Sofia portava con sé un oscuro segreto: un trauma della sua giovinezza che l'aveva segnata per sempre.

Quando era ancora una ragazza, la sua migliore amica, Laura, era scomparsa misteriosamente. Nonostante le indagini approfondite, il caso non era mai stato risolto, lasciando Sofia con un senso di colpa e domande irrisolte. Negli anni, aveva cercato di seppellire quel ricordo, ma le ombre del passato non la lasciavano in pace.

Un giorno, mentre tornava a casa dal lavoro, Sofia iniziò a notare eventi strani e inquietanti. Telefonate anonime, visioni fugaci di figure conosciute e la sensazione di essere osservata. Ogni segnale la portava a pensare a Laura e al mistero della sua scomparsa. Incapace di ignorare queste stranezze, si sentì costretta a indagare.

Con il passare dei giorni, la sua ricerca di verità si trasformò in un'ossessione. Scoprì che la scomparsa di Laura era intrecciata a segreti oscuri che coinvolgevano la sua famiglia e i suoi amici d'infanzia. Ogni indizio la portava più a fondo nella propria psiche, facendole affrontare paure che aveva sempre cercato di evitare.

Le linee tra realtà e memoria iniziarono a sfumare. Sofia non era più sicura di cosa fosse reale e cosa fosse frutto della sua mente. Le sue sedute con i pazienti si trasformarono in battaglie interiori, e le sue stesse ansie e traumi emersero in superficie.

Quando finalmente si avvicinò alla verità, scoprì una rivelazione scioccante che l'obbligò a confrontarsi con i fantasmi del suo passato. La verità sulla scomparsa di Laura non era solo una questione di giustizia, ma una questione di sopravvivenza. La ricerca di Sofia per il passato la portò a rischiare tutto, e dovette decidere se affrontare le ombre che aveva cercato di fuggire o soccombere all'oscurità.

The Shadow of the Past

In the captivating yet complex city of Rome, Dr. Sofia was known as a successful psychologist. Her career shone brightly, and her patients respected her for her ability to help them confront their inner demons. However, behind her facade of success, Sofia carried a dark secret: a trauma from her youth that had forever marked her.

As a girl, her best friend, Laura, had mysteriously disappeared. Despite thorough investigations, the case had never been solved, leaving Sofia with guilt and unanswered questions. Over the years, she had tried to bury that memory, but the shadows of the past refused to let her go.

One day, while returning home from work, Sofia began to notice strange and unsettling events. Anonymous phone calls, fleeting glimpses of familiar figures, and the feeling of being watched. Each signal brought her back to Laura and the mystery of her disappearance. Unable to ignore these occurrences, she felt compelled to investigate.

As the days passed, her quest for truth turned into an obsession. She discovered that Laura's disappearance was intertwined with dark secrets involving her family and childhood friends. Every clue took her deeper into her own psyche, forcing her to confront fears she had always tried to avoid.

The lines between reality and memory began to blur. Sofia could no longer distinguish what was real from what was a product of her mind. Her sessions with patients transformed into inner battles, and her own anxieties and traumas resurfaced.

When she finally approached the truth, she uncovered a shocking revelation that forced her to confront the ghosts of her past. The truth about Laura's disappearance was not just a matter of justice; it was a matter of survival. Sofia's search for the past led her to risk everything, and she had to decide whether to face the shadows she had tried to escape or succumb to the darkness.

Il Filo della Vita

———

Nel pittoresco villaggio di San Benedetto, un sarto anziano di nome Giovanni era conosciuto per le sue abilità straordinarie. Non solo creava abiti meravigliosi, ma possedeva anche un dono unico: la capacità di tessere i fili dei destini delle persone nei suoi capi. Ogni pezzo che realizzava rivelava verità nascoste e connessioni tra gli abitanti del villaggio.

La sua bottega era un luogo magico, pieno di stoffe colorate e profumi di lavanda. Ogni mattina, gli abitanti del villaggio si recavano da Giovanni, sperando di ricevere un abito che non solo li adornasse, ma che raccontasse la loro storia. Ogni cucitura sembrava pulsare di vita, rivelando emozioni e sogni che spesso erano sepolti nel profondo del cuore.

Un giorno, una giovane donna di nome Clara arrivò nel villaggio. Era nuova, con un passato misterioso e un evento speciale in programma: un matrimonio di famiglia che la riempiva di ansia e gioia. Clara desiderava un abito che la facesse sentire bella e sicura di sé, ma non sapeva che l'incontro con Giovanni avrebbe cambiato la sua vita.

Quando Clara entrò nella bottega, Giovanni la accolse con un sorriso gentile. Senza parole, iniziò a prendere le misure mentre la giovane raccontava la sua storia. Man mano che i fili si intrecciavano tra le sue mani, Giovanni avvertì un'energia particolare. In quel momento, i destini di Clara e dei suoi familiari si rivelarono attraverso le trame del tessuto.

Mentre lavorava, Giovanni scoprì segreti inaspettati: la madre di Clara, una donna forte e determinata, aveva affrontato sacrifici enormi per la felicità della sua famiglia. Il padre di Clara, un sognatore, aveva rinunciato ai suoi desideri per sostenere la sua casa. Ogni filo che intrecciava rivelava un pezzo della storia di Clara, unendo il suo passato con il presente.

Il giorno del matrimonio, quando Clara indossò l'abito finito, si sentì trasformata. Non era solo un vestito; era un racconto delle sue radici, dei sacrifici e dell'amore che aveva modellato la sua vita. Con ogni passo, sentiva la presenza di sua madre e di suo padre, come se il vestito fosse un abbraccio che le dava forza.

Giovanni sorrise guardando Clara. Sapeva che il suo dono andava oltre la sartoria; era un modo per connettere le persone e le loro storie, un filo invisibile che legava tutti nel meraviglioso arazzo della vita.

The Thread of Life

In the picturesque village of San Benedetto, an elderly tailor named Giovanni was renowned for his extraordinary skills. Not only did he create beautiful garments, but he also possessed a unique gift: the ability to weave the threads of people's destinies into his creations. Each piece he crafted revealed hidden truths and connections among the villagers.

His shop was a magical place, filled with colorful fabrics and the scent of lavender. Every morning, the villagers would visit Giovanni, hoping to receive a garment that not only adorned them but also told their story. Each stitch seemed to pulse with life, revealing emotions and dreams that were often buried deep within their hearts.

One day, a young woman named Clara arrived in the village. She was new, with a mysterious past and an important event ahead: a family wedding that filled her with both excitement and anxiety. Clara desired a dress that would make her feel beautiful and confident, but she had no idea that her encounter with Giovanni would change her life.

When Clara stepped into the shop, Giovanni welcomed her with a gentle smile. Wordlessly, he began taking her measurements as the young woman shared her story. As the threads intertwined between his fingers, Giovanni sensed a special energy. In that moment, Clara's and her family's destinies were revealed through the fabric's weaves.

As he worked, Giovanni uncovered unexpected secrets: Clara's mother, a strong and determined woman, had made enormous sacrifices for her family's happiness. Clara's father, a dreamer, had given up his own desires to support his household. Each thread he wove revealed a piece of Clara's story, connecting her past with the present.

On the day of the wedding, when Clara donned the finished dress, she felt transformed. It was not just a garment; it was a narrative of her roots, the sacrifices, and the love that had shaped her life. With every step, she felt the presence of her mother and father, as if the dress were an embrace giving her strength.

Giovanni smiled as he watched Clara. He knew that his gift went beyond tailoring; it was a way to connect people and their stories, an invisible thread binding everyone in the marvelous tapestry of life.

Le Onde del Passato

Caterina era tornata nel suo paese natale, un piccolo borgo costiero nel sud Italia, dopo tanti anni di assenza. La nostalgia la pervadeva mentre scendeva dalla macchina e sentiva il profumo del mare mescolarsi all'aria calda dell'estate. Il sole splendeva alto nel cielo, e il suono delle onde che si infrangevano sulla spiaggia le riportava alla mente ricordi dimenticati.

Mentre camminava lungo la spiaggia, Caterina si lasciava avvolgere dalle sensazioni che la circondavano. Ogni passo sulla sabbia le evocava un frammento del suo passato: il primo amore, le risate spensierate con le amiche, le serate trascorse a raccontare storie sotto le stelle.

Ricordò Marco, il ragazzo che le aveva rubato il cuore da adolescente. La loro storia era finita bruscamente, lasciando un vuoto che aveva portato con sé per tutta la vita. Le onde sembravano sussurrare il suo nome, e Caterina si fermò, con il cuore che batteva forte.

Proseguì lungo il litorale, osservando le famiglie che giocavano sulla spiaggia e i turisti che si godevano il sole. La sua mente viaggiava nel tempo, ripercorrendo le scelte che l'avevano portata lontano da quel luogo. Si chiedeva se avesse fatto le scelte giuste, se avesse perso qualcosa di prezioso lungo la strada.

Arrivata a un piccolo stabilimento balneare, Caterina si sedette su una panchina di legno. All'improvviso, un volto familiare attirò la sua attenzione. Era Laura, la sua migliore amica dell'infanzia, con cui aveva condiviso sogni e segreti. I loro sguardi si incrociarono e il tempo sembrò fermarsi.

"Caterina?" chiese Laura, incredula. Un sorriso si allargò sul suo volto mentre correva ad abbracciarla.

Le due donne si sedettero insieme, raccontando le loro vite e le esperienze accumulate nel corso degli anni. Caterina si sentiva leggera, come se tutte le preoccupazioni e le incertezze fossero svanite. Il passato tornava a vivere, e i ricordi si intrecciavano con le storie di oggi.

Mentre il sole tramontava, colorando il cielo di sfumature rosa e arancioni, Caterina si rese conto che le onde del passato non erano solo un ricordo, ma un modo per accettare chi era diventata. In quell'incontro, ritrovò non solo un'amica, ma anche la parte di sé che pensava di aver perso. Con un cuore rinnovato, Caterina guardò l'orizzonte, pronta ad affrontare il futuro con speranza.

Waves of the Past

Caterina had returned to her hometown, a small coastal village in southern Italy, after many years away. Nostalgia washed over her as she stepped out of the car and felt the scent of the sea blend with the warm summer air. The sun shone high in the sky, and the sound of waves crashing on the beach brought back forgotten memories.

As she walked along the shore, Caterina allowed herself to be enveloped by the sensations around her. Each step on the sand evoked a fragment of her past: first loves, carefree laughter with friends, and evenings spent sharing stories under the stars.

She remembered Marco, the boy who had stolen her heart as a teenager. Their story had ended abruptly, leaving a void she had carried with her throughout her life. The waves seemed to whisper his name, and Caterina stopped, her heart racing.

She continued down the shoreline, watching families playing on the beach and tourists basking in the sun. Her mind traveled back in time, retracing the choices that had led her far from this place. She wondered if she had made the right decisions, if she had lost something precious along the way.

Arriving at a small beach club, Caterina sat down on a wooden bench. Suddenly, a familiar face caught her attention. It was Laura, her childhood best friend, with whom she had shared dreams and secrets. Their eyes met, and time seemed to stand still.

"Caterina?" Laura asked, incredulous. A smile spread across her face as she rushed to hug her.

The two women sat together, recounting their lives and the experiences they had gathered over the years. Caterina felt light, as if all her worries and uncertainties had faded away. The past came alive again, and memories intertwined with the stories of today.

As the sun set, painting the sky in shades of pink and orange, Caterina realized that the waves of the past were not just memories but a way to accept who she had become. In this reunion, she found not only a friend but also a part of herself she thought she had lost. With a renewed heart, Caterina looked toward the horizon, ready to face the future with hope.

L'Ultimo Caffè

Marco sedeva al suo tavolo preferito in un affollato caffè di Roma, sorseggiando lentamente l'ultimo caffè della giornata. La luce calda del pomeriggio filtrava attraverso le finestre, creando un'atmosfera accogliente, ma lui si sentiva intrappolato in una bolla di solitudine. Da quell'angolo, osservava il viavai dei clienti: coppie che ridevano, uomini d'affari che discutevano animatamente e turisti che scattavano foto.

Ogni persona portava con sé una storia, una battaglia invisibile che si nascondeva dietro i loro volti sorridenti. Marco, un ex giornalista, aveva dedicato la vita a raccontare storie altrui, ma ora, dopo il ritiro, si trovava a riflettere sulla propria. Il caffè era diventato il suo rifugio, un luogo dove i ricordi affioravano come onde in un mare calmo.

Mentre osservava una giovane coppia che si scambiava sguardi innamorati, ricordò i suoi amici di un tempo. Le risate condivise, i sogni di gioventù, e le serate passate a discutere della vita e del futuro. Ma con il passare degli anni, i contatti si erano diradati. Amicizie che un tempo erano state solide si erano frantumate, lasciando solo un'eco di ciò che era stato.

Proprio mentre stava immergendosi in questi pensieri, una giovane donna si sedette al tavolo accanto al suo. Elena, così si presentò, con un sorriso caloroso e un'energia contagiosa. Marco non poté fare a meno di notare la luce nei suoi occhi, una luce che sembrava riflettere la gioia e la curiosità della vita.

Elena iniziò a conversare con lui, raccontando della sua vita, delle sue aspirazioni e dei suoi sogni. Marco, inizialmente riluttante, si ritrovò a rispondere, condividendo aneddoti del suo passato e le lezioni apprese lungo il cammino. Con ogni parola, la connessione tra loro cresceva, trasformando il caffè in un luogo di incontro non solo di corpi, ma di anime.

Mentre il dialogo continuava, Marco si sentì ispirato a esplorare il tema del rimpianto. Raccontò a Elena dei suoi rimpianti: le opportunità perse, i progetti mai realizzati, e le parole mai pronunciate. Con ogni confessione, la tensione del passato si dissolveva, sostituita da un senso di liberazione. Elena ascoltava con attenzione, e il suo sguardo esprimeva comprensione e compassione.

Alla fine della conversazione, Marco si rese conto che quella chiacchierata rappresentava un momento cruciale. La vita, con tutte le sue complicazioni e le sue sorprese, richiedeva connessioni umane. Le parole di Elena risuonavano dentro di lui: "Ogni incontro è un'opportunità per imparare, per crescere e per rimanere vivi."

Mentre si alzava per andarsene, Marco non poté fare a meno di sentirsi rinvigorito. Aveva trovato in quella giovane donna una sorta di riflessione della sua gioventù e delle sue speranze. L'ultimo caffè non era solo un momento di introspezione, ma un inizio per nuove connessioni e nuove storie. Uscendo dal caffè, sapeva che il suo cuore era un po' più leggero, pronto ad affrontare il mondo con una nuova prospettiva.

47

The Last Coffee

Marco sat at his favorite table in a bustling café in Rome, slowly sipping the last coffee of the day. The warm afternoon light filtered through the windows, creating a cozy atmosphere, but he felt trapped in a bubble of solitude. From his corner, he watched the flow of customers: couples laughing, businessmen discussing animatedly, and tourists taking photos.

Each person carried a story with them, an invisible struggle hidden behind their smiling faces. Marco, a retired journalist, had dedicated his life to telling other people's stories, but now, after retirement, he found himself reflecting on his own. The café had become his refuge, a place where memories surfaced like waves in a calm sea.

As he watched a young couple exchanging loving glances, he remembered his friends from long ago. The shared laughter, the dreams of youth, and the evenings spent discussing life and the future. But as the years passed, the connections had thinned. Friendships that had once been solid had fractured, leaving only an echo of what had been.

Just as he was sinking into these thoughts, a young woman sat down at the table next to his. Elena, she introduced herself, with a warm smile and contagious energy. Marco couldn't help but notice the light in her eyes, a light that seemed to reflect the joy and curiosity of life.

Elena began to talk to him, sharing about her life, her aspirations, and her dreams. Marco, initially reluctant, found himself responding, sharing anecdotes from his past and the lessons learned along the way. With each word, the connection between them grew, transforming the café into a meeting place not only for bodies but for souls.

As the dialogue continued, Marco felt inspired to explore the theme of regret. He told Elena about his regrets: missed opportunities, unfulfilled projects, and unspoken words. With each confession, the tension of the past dissolved, replaced by a sense of liberation. Elena listened intently, her gaze expressing understanding and compassion.

By the end of their conversation, Marco realized that this chat represented a crucial moment. Life, with all its complications and surprises, required human connections. Elena's words echoed in him: "Every encounter is an opportunity to learn, to grow, and to stay alive."

As he stood up to leave, Marco couldn't help but feel reinvigorated. In that young woman, he had found a reflection of his youth and his hopes. The last coffee was not just a moment of introspection, but a beginning for new connections and new stories. Stepping out of the café, he knew his heart was a little lighter, ready to face the world with a new perspective.

Il Viaggio di Nora

Nora si sentiva intrappolata nella sua vita monotona a Milano. Ogni giorno sembrava una replica del precedente: sveglia, lavoro, cena davanti alla televisione. La sua routine era diventata così prevedibile che aveva perso la voglia di sognare. Quando il suo capo la convocò in ufficio e le comunicò che sarebbe stata licenziata, invece di crollare, un'insolita scintilla di libertà si accese dentro di lei. In quel momento, decise di cambiare tutto.

Dopo una notte di riflessione, Nora preparò una valigia con l'essenziale e decise di intraprendere un viaggio attraverso l'Italia. Non aveva un piano preciso; voleva solo sentire il vento sul viso e lasciarsi guidare dal cuore. Il primo giorno partì per la Costiera Amalfitana. Arrivata a Positano, rimase incantata dai colori vivaci delle case a strapiombo sul mare e dalla dolce melodia delle onde che si infrangevano sulla spiaggia.

Fu qui che incontrò Giulia, un'artista locale che dipingeva il paesaggio. Le due donne si conobbero rapidamente e Giulia la invitò a un mercato artigianale. Durante la loro passeggiata, Giulia le raccontò delle sue sfide e dei sacrifici fatti per inseguire la sua passione per l'arte. Le parole di Giulia colpirono Nora profondamente, accendendo un desiderio di esplorare le sue stesse aspirazioni.

Dopo alcuni giorni sulla Costiera, Nora si diresse verso Firenze. Si perse tra le strade storiche e i musei, immergendosi nell'arte che la circondava. Qui, conobbe Marco, un giovane scrittore in cerca di ispirazione. I due iniziarono a parlare delle loro vite e dei sogni infranti. Marco le mostrò i suoi racconti e la passione che metteva nelle sue parole ispirò Nora a riflettere su cosa desiderasse veramente dalla vita.

Ma la sua avventura non si fermò a Firenze. Continuò il viaggio verso Roma, dove si sentiva viva e ispirata. Camminando per le strade della città eterna, visitò il Colosseo e la Fontana di Trevi, ma ciò che colpì di più il suo cuore fu un incontro casuale con un gruppo di artisti di strada. Seduta su un gradino, guardò mentre si esibivano, assaporando l'energia e la creatività che emanavano. Sentì una connessione profonda con il loro spirito libero e capì che doveva prendere in mano la sua vita.

Dopo settimane di avventure e riflessioni, Nora tornò a Milano, ma non era più la stessa donna. Aveva incontrato persone che le avevano aperto gli occhi sulle infinite possibilità della vita. Con il cuore pieno di nuove idee, decise di inseguire la sua vera passione: scrivere. Cominciò a lavorare a un romanzo, ispirato dalle sue esperienze e dalle storie delle persone che aveva incontrato lungo il cammino.

Alla fine, il viaggio di Nora non fu solo un'esperienza fisica attraverso l'Italia, ma anche un viaggio interiore che la portò a scoprire la forza e la determinazione che aveva sempre avuto dentro di sé. Abbracciando l'incertezza e il cambiamento, Nora si rese conto che la vita era un'avventura da vivere, non da subire. E così, armata di penna e carta, iniziò a scrivere il capitolo più emozionante della sua vita.

Nora's Journey

Nora felt trapped in her monotonous life in Milan. Every day seemed like a replica of the one before: wake up, work, dinner in front of the television. Her routine had become so predictable that she had lost the desire to dream. When her boss called her into the office and informed her that she would be laid off, instead of crumbling, an unusual spark of freedom ignited within her. At that moment, she decided to change everything.

After a night of reflection, Nora packed a suitcase with the essentials and decided to embark on a journey across Italy. She didn't have a precise plan; she just wanted to feel the wind on her face and let her heart guide her. On the first day, she headed for the Amalfi Coast. Upon arriving in Positano, she was enchanted by the vibrant colors of the houses perched on the sea and the sweet melody of the waves crashing on the beach.

It was here that she met Giulia, a local artist who painted the landscape. The two women quickly became friends, and Giulia invited her to a craft market. During their walk, Giulia shared her struggles and the sacrifices she had made to pursue her passion for art. Giulia's words deeply moved Nora, igniting a desire to explore her own aspirations.

After a few days on the coast, Nora headed to Florence. She lost herself among the historic streets and museums, immersing herself in the art that surrounded her. Here, she met Marco, a young writer searching for inspiration. The two began to talk about their lives and shattered dreams. Marco showed her his stories, and the passion he poured into his words inspired Nora to reflect on what she truly wanted from life.

But her adventure didn't stop in Florence. She continued her journey to Rome, where she felt alive and inspired. Walking through the streets of the eternal city, she visited the Colosseum and the Trevi Fountain, but what struck her heart the most was a chance encounter with a group of street performers. Sitting on a step, she watched as they performed, savoring the energy and creativity they exuded. She felt a deep connection to their free spirit and realized that she needed to take control of her life.

After weeks of adventures and reflections, Nora returned to Milan, but she was no longer the same woman. She had met people who opened her eyes to the endless possibilities of life. With her heart full of new ideas, she decided to pursue her true passion: writing. She began to work on a novel inspired by her experiences and the stories of the people she had encountered along the way.

In the end, Nora's journey was not only a physical experience across Italy but also an inner journey that led her to discover the strength and determination she had always had within her. Embracing uncertainty and change, Nora realized that life was an adventure to be lived, not endured. And so, armed with pen and paper, she began to write the most exciting chapter of her life.

Il Ritorno a Bellavista

Elena tornò a Bellavista dopo anni di assenza, il cuore colmo di emozioni contrastanti. La sua piccola città toscana, con i suoi vicoli stretti e le piazze affollate, sembrava essersi fermata nel tempo. Ogni angolo evocava ricordi della sua infanzia, dei sogni e delle speranze che un tempo la guidavano. Ma ora, dopo una rottura dolorosa con il suo fidanzato, si sentiva come una straniera nel suo stesso paese.

La casa dei suoi genitori la accolse con il calore familiare, e mentre si sistemava nella sua vecchia camera, Elena sentì il peso del passato schiacciarle il cuore. Si guardò allo specchio e vide non solo la donna che era diventata, ma anche la ragazza che aveva lasciato Bellavista. Ogni foto, ogni oggetto nella sua camera, raccontava una storia di chiari e scuri che aveva vissuto.

Il giorno successivo, decise di passeggiare per le strade del paese. Il profumo del pane fresco e dei fiori in fiore la avvolse mentre camminava. Gli amici d'infanzia la riconobbero, e in breve tempo fu circondata da abbracci e sorrisi. Ma c'era una presenza che sentiva più di altre: Matteo, il suo migliore amico, che aveva sempre occupato un posto speciale nel suo cuore.

Matteo era diventato un uomo affascinante, e quando i loro sguardi si incrociarono, Elena sentì un brivido lungo la schiena. Decisero di incontrarsi per un caffè, e durante quella conversazione, risalirono il corso del tempo, parlando delle loro vite, dei sogni infranti e delle scelte fatte. Matteo rivelò di aver sempre provato sentimenti per lei, ma non era mai stato in grado di dirglielo. Elena, da parte sua, confessò di aver sempre sperato che un giorno avrebbero potuto essere insieme.

Con il passare dei giorni, Elena e Matteo iniziarono a trascorrere più tempo insieme, riscoprendo non solo il loro legame ma anche la bellezza della vita a Bellavista. I pomeriggi trascorsi a esplorare il paesaggio toscano e le serate a ridere sotto le stelle la aiutarono a riflettere su ciò che desiderava veramente.

Ma il passato di Elena la perseguitava. I ricordi della sua rottura e le paure di riaprire il suo cuore a qualcuno la tormentavano. Un giorno, si trovò davanti a un bivio. Doveva scegliere se affrontare il dolore del passato o rimanere bloccata in un circolo vizioso di paura.

Il giorno della festa del paese, Bellavista si trasformò in un luogo di celebrazione. Elena indossò un vestito che aveva comprato anni prima, e mentre ballava con Matteo, capì che era finalmente pronta a lasciare andare il passato. Con un sorriso, gli prese la mano e lo guidò sotto le stelle, finalmente libera di amare.

The Return to Bellavista

Elena returned to Bellavista after years of absence, her heart filled with conflicting emotions. Her small Tuscan town, with its narrow streets and crowded squares, seemed to have stopped in time. Every corner evoked memories of her childhood, of dreams and hopes that once guided her. But now, after a painful breakup with her fiancé, she felt like a stranger in her own country.

Her parents' house welcomed her with familial warmth, and as she settled into her old room, Elena felt the weight of the past crushing her heart. She looked in the mirror and saw not only the woman she had become but also the girl who had left Bellavista. Every photo, every object in her room, told a story of the highs and lows she had lived through.

The next day, she decided to stroll through the streets of the town. The scent of fresh bread and blooming flowers enveloped her as she walked. Childhood friends recognized her, and soon she was surrounded by hugs and smiles. But there was one presence she felt more than others: Matteo, her best friend, who had always held a special place in her heart.

Matteo had become a charming man, and when their eyes met, Elena felt a shiver run down her spine. They decided to meet for coffee, and during that conversation, they retraced the course of time, talking about their lives, broken dreams, and choices made. Matteo revealed that he had always had feelings for her but had never been able to tell her. Elena, for her part, confessed that she had always hoped that one day they could be together.

As days went by, Elena and Matteo began to spend more time together, rediscovering not only their bond but also the beauty of life in Bellavista. The afternoons spent exploring the Tuscan landscape and evenings laughing under the stars helped her reflect on what she truly wanted.

But Elena's past haunted her. Memories of her breakup and the fears of reopening her heart to someone tormented her. One day, she found herself at a crossroads. She had to choose whether to face the pain of the past or remain trapped in a vicious cycle of fear.

On the day of the town festival, Bellavista transformed into a place of celebration. Elena wore a dress she had bought years before, and as she danced with Matteo, she understood that she was finally ready to let go of the past. With a smile, she took his hand and led him under the stars, finally free to love.